ÉPITRE

A

M. DE VATIMESNIL.

PARIS.

DELANGLE FRÈRES,

ÉDITEURS-LIBRAIRES,

RUE DU BATTOIR-SAINT-ANDRÉ-DES-ARCS, N. 19.

M DCCC XXIX.

ÉPITRE

A

M. DE VATIMESNIL.

Paris. — Imprimerie et Fonderie de G. Doyen, rue Saint-Jacques, N. 58.

ÉPITRE

A

M. DE VATIMESNIL.

PARIS.

DELANGLE FRÈRES,

ÉDITEURS-LIBRAIRES,
RUE DU BATTOIR-SAINT-ANDRÉ-DES-ARCS, N. 19.

M DCCC XXIX.

PUBLICATIONS DE L'AUTEUR DE CETTE ÉPITRE.

Qui vont paraître le 1er novembre prochain.

GUY-ÉDER ou la Ligue en Basse-Bretagne , 2 vol in-8.
MARINES (Poésies), 1 volume in-8.

Châtenay, 10 août 1829.

Monsieur,

Peu de temps après l'ordonnance du 28 juin 1828, contre-signée par vous, ordonnance qui arrachait aux mains des jésuites les filets dans lesquels ils tentaient d'envelopper la jeunesse, j'ai eu l'honneur de vous adresser une épître. Vous l'avez accueillie avec une bienveillance qui m'inspira d'abord le désir de la publier, mais votre modestie trouva, pour changer ma résolution, un prétexte aussi délicat qu'ingénieux : Vous parûtes craindre que l'énergique manifestation de mes sentiments politiques ne retardât mon admission aux emplois publics et ne gênât votre intervention en ma faveur dans le conseil. « C'est un ami, vou- « lûtes-vous bien ajouter, qui veille aux inté- « rêts de son ami. » Les convenances me prescrivaient de ne point trahir une sollicitude qui m'était si honorable; l'épître n'exista plus que dans mes souvenirs.

Aujourd'hui, Monsieur, l'état des choses est bien changé! aujourd'hui on remet imprudemment en question des principes que je regardais, dans mon épître, comme consentis et sanctionnés par l'opinion publique et les représentants du pouvoir; aujourd'hui enfin, on nous fait reculer au temps des professions de foi!

Puisque chacun accepte avec empressement cette nécessité de dire : « *Voilà ce que je suis, voici ce que je ne suis pas;* » puisqu'il est reconnu que cette déclaration, comme par appel nominal, doit être l'arrêt de réprobation et de déchéance de *l'incroyable* ministère, qui remplace celui dont vous avez fait partie, permettez-moi, Monsieur, de me servir de l'épître que je vous ai dédiée, pour exprimer mes sentiments et mon vote.

Vous ne désirez pas, vous ne pouvez désirer un compliment de condoléance. On n'en accorde qu'au malheur qui fait pitié; et le vôtre fait envie, car il vous assure la gloire! J'ai donc cru devoir m'abstenir de joindre à mon épître même une parole d'*adieu*. Pourrais-je d'ailleurs vous saluer de ce pénible mot; vous qui, avant l'âge de l'éligibilité, jouissez déjà de cette immense popularité par laquelle on sera désormais plus sûrement conduit ou ramené au pouvoir qu'à l'aide d'une faction dont les triomphes ne sauraient être durables.

J'ai le plaisir de penser, Monsieur, que le public qui lira cette épître, après avoir énuméré tout le bien *à faire* que ma muse patriotique signalait à votre puissance exécutive, dira : « *Il l'a fait ! — Il aurait fait davantage...* »

Veuillez agréer, Monsieur, l'hommage de mon profond respect et de mon inaltérable attachement.

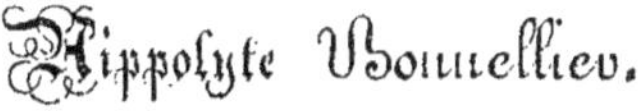

Jacques de Cailly, connu sous le nom anagrammatique de D'ACEILLY, écrivait au ministre Colbert les vers suivants :

Que je vous donne ou vers ou Prose,
Grand ministre, je le sais bien,
Je ne vous donne pas grand'chose,
Mais je ne vous demande rien.

10 Juillet 1828.

LE temps n'est plus où, mercenaire,
Ne sachant que flatter pour plaire,
Un poète échangeait ses vers adulateurs
Contre l'or du pouvoir et de basses faveurs.
Apollon, réformant sa vénale licence,
N'inspire que l'indépendance;
Et dans ses loisirs immortels,
Loin des faux dieux du jour et de leurs vains autels,
Loin de tous les chemins vulgaires,
Chante les gloires populaires.
Du beau nom de patrie il nourrit ses accents;
Il porte encor le luth, mais il n'a plus d'encens.

Toi, dont le talent justifie

Les honneurs enviés dont on pare ta vie,
Dont le pouvoir s'allie à la célébrité;
Toi, ministre d'un roi qui veut la vérité :
        Vatimesnil, tu peux m'entendre;
Du Pinde, pour flatter je ne veux point descendre.
Poète citoyen, si j'élève ma voix
        Devant un conseiller des rois,
C'est pour le consoler des tourments de l'intrigue,
Pour le fortifier contre une infâme brigue,
Et, de l'opinion lui montrant les flambeaux,
De leur clarté magique éclairer ses travaux.
Viens donc, et dédaignant l'orgueil de la puissance,
Ministre, écoute-moi : c'est au nom de la France.

Vatimesnil, long-temps le Français, né moqueur,
Du pouvoir en chansons bafoua la rigueur;
Mais trop de Mazarins ont, dans leur politique,
Excité les accès de son humeur caustique;
        Certains que sa vaine gaîté
Garantissait sa honte et leur impunité.
Ils ont instruit sa haine à chercher d'autres armes :
Il cessa de chanter... il fit verser des larmes.

Grande et solennelle douleur

D'un peuple qui s'éveille en voyant son malheur !

On t'a conté ces jours de terreur, de misère,

Où le Français, dans sa colère,

Méconnut la loi du pardon.

De l'égoût de Marat aux murs du Panthéon,

Du pied de l'échafaud aux autels de la gloire

Le crime signalait la mort et la victoire.

En vain du dévouement attestant la grandeur,

En vain prouvant ses droits par le glaive vengeur

Chacun des deux partis invoquait la justice :

La justice, indignée, au fond du précipice

Entraînait tour-à-tour les oppresseurs des lois,

Les vils flatteurs du peuple et les bourreaux des rois.

Pendant ces jours de deuil, lasse, persécutée,

La liberté s'enfuit épouvantée

De sa gloire et de ses forfaits.

Un despote apparut. — Mais pour le nom français

Son génie agrandit l'histoire;

Il enchaîna le peuple à son char de victoire,

Et foula sous ses pieds tous les partis divers;

Sa superbe auréole éblouit l'univers !

Qu'infatigable en sa constance

Un sage , osant rêver au bonheur de la France,

Redemandât la liberté :

L'orgueilleux, lui montrait son immortalité.

— Il tomba. — Des Bourbons la race révérée

Retrouva des cœurs chauds pour sa cause sacrée,

Et le lis balança son rameau renaissant

Sur un trône rougi du plus pur de leur sang.

Laissons faire à l'histoire.—Après trente ans d'orages

Le peuple vers le Sud voyait fuir les nuages ;

L'ouragan enfermé dans leurs flancs ténébreux

Grondait, mais fuyait avec eux ;

Le calme renaissait, les échos de la terre

Ne répétaient plus le tonnerre :

Un Roi nous apportait la paix.

— La paix ! — Mais la discorde a flétri ses bienfaits ;

Mais d'effrontés ligueurs la pieuse anarchie

Lui disputa la monarchie ;

Elle forma, nourrit du venin des tyrans

Des ministres intolérants ;

Tout l'enfer protégeait leur cause ,
Et Rufin s'est assis aux pieds de Théodose !
   Rufin n'est plus. — Le peuple veut
Le culte ; l'un et l'autre éclairés par la loi.
Des luttes de partis la mortelle licence
Prête au crime un appui qui fatigue la France.

Le passé nous revient ; il faut nous réunir :
Allons, pressons le pas, marchons dans l'avenir ;
Déjouons, flétrissons la devote industrie ;
N'ayons qu'un intérêt, qu'un seul but : la patrie !
On oublia ce mot. Ce mot pur et sacré
De la grandeur d'un peuple est le premier degré.

   Tu l'as compris. Tes efforts tutélaires
Brisent le joug honteux d'ambitieux sectaires ;
Au front de la jeunesse arrachant le bandeau
Tu tiens devant ses yeux un immortel flambeau,
Et, guide généreux de sa marche timide,
De sa faible raison ton pouvoir est l'égide.

Fais plus : de la routine affranchis nos enfants.
Qu'ils profitent, sous toi, des conquêtes du temps.

Du bonnet scolastique affublant la science
La routine fatigue et prolonge l'enfance :
Par l'orgueil de son âge et de ses cheveux blancs,
Elle évoque l'ennui sur ses sinistres bancs.

— Par elle, on sait que Rome a désolé Carthage,
Qu'Alexandre de l'Inde a conquis le rivage,
Qu'au temps de l'âge d'or on voyait les faux dieux
Au son d'un luth champêtre abandonner les cieux ;
Tous nos jeunes Français, sous sa sainte férule,
Osent psalmodier les doux vers de Catule.
— Hélas ! à les scander ils ont passé dix ans !
Dix siècles, juste ciel ! et sur les rudiments !
—Ils sont doctes, sans doute; ils connaissent Virgile,
Horace, sa morale et sa muse servile ;
Le grec et le latin leur valent des succès ;
Ils savent tout enfin… excepté le français.
Les fastes des anciens surchargent leur mémoire.
Ils ont bien lu Tacite…. et non pas leur histoire.

Heureux , si, se glissant en mobiles replis,
Le mensonge n'a pas égaré leurs esprits ;
Si, flétrissant les dons que la raison dispense

Il n'a pas égaré, jusques à leur croyance.

Vatimesnil, à toi devait appartenir
D'éclairer le présent, de hâter l'avenir ;
De franchir d'un seul pas la limite commune.
La jeunesse s'élance, et suivra ta fortune.
Laisse là la routine et sa caducité,
Le siècle sera grand dans sa précocité.
Météore éclatant, dans sa course indomptable,
Il peut heurter le mal d'un choc épouvantable ;
Et, du monde étonné dominant la hauteur,
Répandre autour de lui sa vie et sa splendeur.

    — Toi, tu verras la calomnie
Emprunter ses poisons aux serpents de l'envie
Et, rampante comme eux, se traîner sur tes pas
Pour te frapper à mort... Tu ne périras pas !
    Vienne, s'il le faut, la disgrâce.
    Les charmes d'un bonheur qui passe,
Un autel qu'un caprice élève en se jouant,
Que pare la faveur et qu'emporte le vent,
    N'offrent point la solide gloire
De tout grand citoyen qui revit dans l'histoire

Vatimesnil, sois l'homme fort

Bravant et l'intrigue et le sort;

Le burin t'inscrira sur l'immortelle table

Et son trait est ineffaçable.

Heureux qui, comme toi, servant la liberté,

N'attend qu'un pur encens de la postérité.